Baugy 12 juin 1913 V

VENTE AU CHATEAU DE BAUGY

Arrondissement de COMPIÈGNE (Oise)

APRÈS DÉCÈS DE

M. le Marquis de THUISY

OBJETS D'ART ET D'AMEUBLEMENT

PORCELAINES FRANÇAISES ET ALLEMANDES

CATALOGUE

DES

OBJETS D'ART ET D'AMEUBLEMENT

PORCELAINES TENDRES

DE SÈVRES, MENNECY, CHANTILLY, ETC.

Porcelaines d'Allemagne

OBJETS DE VITRINE

ARMES ORIENTALES, TENTURE

MEUBLES

DONT LA VENTE

Après Décès de Monsieur le Marquis de THUISY

AURA LIEU

Au Château de BAUGY (Arrondissement de Compiègne, Oise)

LES JEUDI 12 ET VENDREDI 13 JUIN 1913 (Et jours suivants, s'il y a lieu)

A 1 heure 1/2

PAR LE MINISTÈRE DE

Me WILHÉLEM, NOTAIRE

24, rue des Minimes, à Compiègne

ASSISTÉ DE

MM. MANNHEIM, EXPERTS

7, rue Saint-Georges, à Paris

EXPOSITION PUBLIQUE

Le Mercredi 11 Juin 1913, de 2 heures à 5 heures

MOYENS DE COMMUNICATION :

Gare de Compiègne, où stationnent des Automobiles et des Voitures pour Baugy, qui en est distant de six kilomètres.

CONDITIONS DE LA VENTE

Elle sera faite au comptant.

Les adjudicataires paieront DIX POUR CENT en sus des enchères.

Paris — Imp. de l'Art, Ch. Berger, 41, rue de la Victoire.

ORDRE DES VACATIONS

Le Jeudi 12 Juin 1913

Partie des Porcelaines et Faïences.

Objets de vitrine. Armes.

Meubles. Tenture.

Le Vendredi 13 Juin 1913

Fin des Porcelaines et Faïences.

DÉSIGNATION

PORCELAINES DE SAXE

1 — Tasse, paysage animé, l'hiver. Ancienne porcelaine de Saxe.

2 — Grande cafetière : fleurs. Ancienne porcelaine de Saxe.

3 — Cafetière avec couvercle : paysages en camaïeu rose. Porcelaine de Saxe-Marcolini.

4 — Autre avec couvercle : fleurs en bleu. Ancienne porcelaine de Saxe.

5 — Autre avec couvercle : Amours en camaïeu rose. Même porcelaine.

6 — Tasse et soucoupe : branches fleuries. Ancienne porcelaine de Saxe.

7 — Tasse et soucoupe, décor de papillons. Ancienne porcelaine de Saxe.

8 — Théière avec couvercle, décor de fleurs et rocailles. Ancienne porcelaine de Saxe.

9 — Grande tasse à une anse avec couvercle et présentoir, décor de bleuets. Ancienne porcelaine de Saxe.

10 — Théière avec couvercle, décor de fleurs, Ancienne porcelaine de Saxe.

11 — Théière avec couvercle, décor de fleurs et oiseaux. Même porcelaine.

12 — Théière avec couvercle, décor de paysages animés. Ancienne porcelaine de Saxe.

13 — Tasse et soucoupe : haie fleurie sur fond bleu pâle. Ancienne porcelaine de Saxe.

14 — Soucoupe et deux tasses, même porcelaine, fleurs et imbrications roses.

15 — Pot à lait avec couvercle, décor de fleurs. Ancienne porcelaine de Saxe.

16 — Théière avec couvercle, décor de fleurs. Ancienne porcelaine de Saxe.

17 — Tasse sans anse et soucoupe en ancienne porcelaine de Saxe, décor de paysages au bord de la mer.

18 — Théière, décor de fleurs en camaïeu bleu. Ancienne porcelaine de Saxe.

19 — Tasse et soucoupe, à sujets Teniers. Ancienne porcelaine de Saxe.

20 — Tasse, même porcelaine, décor de style chinois.

21 — Cafetière avec couvercle, même porcelaine, décor de fleurs.

22 — Figurine en ancienne porcelaine de Saxe : Paysan debout, sur pied quadrilatéral.

23 — Figurine d'oriental debout, sur pied quadrilatéral. Même porcelaine.

24 — Figurine en ancienne porcelaine de Saxe : Paysan debout.

25 — Figurine en ancienne porcelaine de Saxe : Personnage debout en costume polonais.

26 — Chocolatière avec couvercle en ancienne porcelaine de Saxe, à décor de fleurs dans des réserves sur fond jaune.

27 — Verseuse avec couvercle, décor de style chinois. Ancienne porcelaine de Saxe.

28 — Deux tasses et une soucoupe en ancienne porcelaine de Saxe : Sujets galants et rocailles.

PORCELAINES D'ALLEMAGNE

29 — Cabaret-solitaire en ancienne porcelaine de Hœchst, décor de compositions allégoriques en camaïeu rose. Il se compose d'un plateau, d'une théière, d'une cafetière, d'un sucrier avec couvercle et d'une tasse avec soucoupe.

30 — Figurine d'adolescent, tenant un fruit, en ancienne porcelaine de Hœchst. Sur base en porcelaine de Berlin.

31 — Tasse et soucoupe : oiseaux. Ancienne porcelaine de Frankenthal.

32 — Théière, décorée de branches fleuries. Ancienne porcelaine de Frankenthal.

33 — Cafetière avec couvercle : paysage en camaïeu violet. Ancienne porcelaine de Frankenthal.

34 — Cabaret-solitaire en ancienne porcelaine de Frankenthal, décor de rubans, rayures, et guirlandes de laurier. Il se compose d'une théière et d'un sucrier avec couvercles, d'une tasse avec soucoupe, d'un plateau et d'un pot à lait.

35 — Beurrier avec couvercle, décor de fleurs. Ancienne porcelaine de Frankenthal.

36 — Pot à lait avec couvercle en ancienne porcelaine de Louisbourg, décor de fleurs et rocailles.

37 — Petit vase simulé composé de rocailles. Ancienne porcelaine de Louisbourg.

38 — Vase-balustre avec couvercle, rehaussé de dorures et orné de deux médaillons en grisaille. Ancienne porcelaine de Géra.

39 — Tasse, décorée d'un paysage en camaïeu rose. Ancienne porcelaine d'Anspach.

40 — Deux saucières, décorées de paysages. Ancienne porcelaine de Nymphenbourg.

41 — Tasse et soucoupe, décorées de paysans. Ancienne porcelaine de Furstenberg.

42 — Tasse et soucoupe : amours en camaïeu violet. Ancienne porcelaine de Furstenberg.

43 — Pot à lait avec couvercle, décor de fleurs. Ancienne porcelaine de Wesp.

44 — Grande cafetière avec couvercle : fleurs et imbrications roses. Ancienne porcelaine de Wallendorf.

45 — Cafetière, décorée de personnages en camaïeu rose. Ancienne porcelaine de Vienne.

46 — Deux œillères, décorées de fleurs. Ancienne porcelaine de Vienne.

47 — Tasse, décorée d'un paysage animé. Ancienne porcelaine de Vienne.

48 — Beurrier avec couvercle et sur plateau fixe en ancienne porcelaine de Vienne, décor de feuillages enrubannés.

49 — Petit buste, en ancienne porcelaine d'Allemagne, de guerrier de style antique.

50 — Deux figurines : fillette debout et enfant tenant une bourse, sur socles contournés. Ancienne porcelaine d'Allemagne.

51 — Figurine de personnage en culotte rouge en ancienne porcelaine d'Allemagne, sur base en porcelaine de Berlin.

52 — Figurine de personnage oriental en ancienne porcelaine d'Allemagne, sur base à fleurs, en ancienne porcelaine tendre de Mennecy.

53 — Figurine d'Arlequin debout, en ancienne porcelaine d'Allemagne.

54 — Théière avec couvercle, deux tasses et une soucoupe, paysages animés dans des médaillons quadrilobés. Ancienne porcelaine d'Allemagne.

55 — Œillère en ancienne porcelaine d'Allemagne, décor de fleurs.

56 — Flacon à thé, décor de fleurs. Ancienne porcelaine d'Allemagne.

57 — Tasse et soucoupe, décorées chacune d'un personnage en camaïeu violet. Ancienne porcelaine d'Allemagne.

58 — Figurine de petit mendiant, un bandeau sur les yeux. Ancienne porcelaine d'Allemagne. Base en porcelaine.

59 — Figurine d'enfant debout en ancienne porcelaine blanche, sur base en porcelaine.

60 — Deux petits socles ornés de fleurs. Ancienne porcelaine d'Allemagne.

61 — Petite verseuse ornée d'un mascaron. Ancienne porcelaine d'Allemagne.

62 — Deux tasses à deux anses en ancienne porcelaine d'Allemagne, décor de style chinois en dorure.

63 — Deux petits vases simulés, ornés de rocailles en ancienne porcelaine d'Allemagne.

64 — Petit vase simulé, décoré de rocailles, en camaïeu rose. Ancienne porcelaine d'Allemagne.

PORCELAINES DE SÈVRES

ET VINCENNES

65 — Tasse et soucoupe : fleurs. Ancienne porcelaine tendre de Vincennes.

66 — Petit sucrier avec couvercle, hachures en rose. Ancienne porcelaine tendre de Vincennes.

67 — Sucrier, tasse et soucoupe : fleurs en rose. Ancienne porcelaine tendre de Sèvres.

68 — Sucrier : oiseaux et arbustes. Ancienne porcelaine tendre de Sèvres.

69 — Six tasses avec soucoupes ; fleurs. Ancienne porcelaine tendre de Sèvres.

70 — Deux pots à crème avec couvercles : fleurs. Ancienne porcelaine tendre de Sèvres.

71 — Deux sucriers, avec couvercles et variés de dimensions, en ancienne porcelaine tendre de Sèvres, décor de barbeaux.

72 — Sucrier avec couvercle et sur plateau fixe : fleurs. Ancienne porcelaine tendre de Sèvres.

73 — Deux beurriers avec couvercles et sur plateaux fixes : fleurs. Ancienne porcelaine tendre de Sèvres.

74 — Deux petites tasses avec soucoupes : fleurs. Ancienne porcelaine tendre de Sèvres.

75 — Tasse et soucoupe : fleurs avec filets bleus. Même porcelaine.

76 — Tasse et soucoupe : fleurs avec filets bleus. Ancienne porcelaine tendre de Sèvres.

77 — Pot à crème : fleurs en rose. Ancienne porcelaine tendre de Sèvres.

78 — Deux sucriers ovales avec couvercles et plateaux : fleurs et filets bleus. Ancienne porcelaine tendre de Sèvres.

79 — Saucière : fleurs. Même porcelaine.

80 — Moutardier avec couvercle : fleurs. Ancienne porcelaine tendre de Sèvres.

81 — Pot à sorbets : fleurs. Ancienne porcelaine tendre de Sèvres.

82 — Petite tasse avec soucoupe : fleurs en rose. Ancienne porcelaine tendre de Sèvres.

83 — Petite tasse avec soucoupe, décor de barbeaux. Ancienne porcelaine tendre de Sèvres.

84 — Théière avec couvercle : fleurs. Ancienne porcelaine tendre de Sèvres.

85 — Deux pots à crème variés avec un couvercle : fleurs en camaïeu rose. Même porcelaine.

86 — Tasse avec couvercle, décorée d'une bordure de fleurs et quadrillés. Ancienne porcelaine tendre de Sèvres.

87 — Tasse avec couvercle, décor de fleurs. Ancienne porcelaine tendre de Sèvres.

88 — Théière avec couvercle : fleurs et filets bleus. Ancienne porcelaine tendre de Sèvres.

89 — Petit vase, forme Médicis, décor de fleurs en camaïeu rose. Ancienne porcelaine tendre de Sèvres.

90 — Théière : fleurs et filets bleus. Ancienne porcelaine tendre de Sèvres.

91 — Théière avec couvercle, décor de fleurs. Même porcelaine.

92 — Tasse et soucoupe, décor de roses en ancienne porcelaine tendre de Sèvres.

93 — Deux pots à lait, même porcelaine, décor de fleurs.

94 — Deux pots à sorbets, même porcelaine: fleurs et filets bleus.

95 — Tasse et soucoupe, décor de barbeaux. Anciennes porcelaines tendre et dure de Sèvres.

96 — Tasse et soucoupe : fleurs. Ancienne porcelaine tendre de Sèvres.

97 — Tasse et soucoupe, décor chiné et à rayures. Anciennes porcelaines tendre et dure de Sèvres.

98 — Cache-pot : fleurs. Ancienne porcelaine dure de Sèvres.

99 — Verseuse avec couvercle, décor de fleurs en ancienne porcelaine dure de Sèvres.

100 — Quatre pots à sorbets : fleurs. Ancienne porcelaine dure de Sèvres.

101 — Théière avec couvercle en ancienne porcelaine dure de Sèvres, décor de fleurs.

102 — Trois tasses droites variées avec soucoupes, décor de roses. Ancienne porcelaine dure de Sèvres.

103 — Sept tasses droites avec soucoupes, décor de fleurs. Anciennes porcelaines tendre et dure de Sèvres.

104 — Sucrier rond avec couvercle et présentoir, décor de roses. Ancienne porcelaine dure de Sèvres.

105 — Flacon à thé : fleurs. Même porcelaine.

PORCELAINES DE MENNECY

CHANTILLY ET AUTRES

106 — Deux présentoirs variés, décor bleu en ancienne porcelaine tendre de Saint-Cloud.

107 — Salière ronde, décor bleu. Ancienne porcelaine tendre de Saint-Cloud.

108 — Trois tasses et quatre présentoirs, décor bleu. Même porcelaine.

109 — Deux pots de toilette variés avec couvercles, décor bleu. Même porcelaine.

110 — Sucrier rond avec couvercle, décor bleu. Ancienne porcelaine tendre de Saint-Cloud.

111 — Moutardier, décor bleu. Ancienne porcelaine tendre de Saint-Cloud.

112 — Tasse, décor bleu, culot côtelé. Même porcelaine.

113 — Écuelle avec couvercle : Paysages animés. Ancienne porcelaine tendre de Sceaux.

114 — Quatre pots de toilette avec couvercles : fleurs en bleu. Ancienne porcelaine tendre de Sceaux.

115 — Deux pots à crème avec couvercles : fleurs. Ancienne porcelaine tendre de Sceaux.

116 — Deux pots de toilette avec couvercles : fleurs en relief. Ancienne porcelaine tendre blanche de Mennecy.

117 — Pot de toilette avec couvercle : fleurs en relief. Même porcelaine.

118 — Panse de théière : fleurs. Ancienne porcelaine tendre de Mennecy.

119 — Théière : fleurs en bleu. Ancienne porcelaine tendre de Mennecy.

120 — Pot à crème avec couvercle : fleurs, fond côtelé. Ancienne porcelaine tendre de Mennecy.

121 — Tasse et soucoupe : fleurs. Anciennes porcelaines tendres de Mennecy et de Sceaux.

122 — Pot à lait avec couvercle, décor de fruits. Ancienne porcelaine tendre de Mennecy.

123 — Autre, même porcelaine.

124 — Sucrier avec couvercle et plateau : fleurs. Même porcelaine.

125 — Écuelle : fleurs. Ancienne porcelaine tendre de Mennecy.

126 — Pot à sorbets : fleurs. Ancienne porcelaine tendre de Mennecy.

127 — Petit socle en ancienne porcelaine tendre blanche de Mennecy.

128 — Tasse et soucoupe : oiseaux. Ancienne porcelaine tendre de Mennecy.

129 — Sucrier : oiseaux et fleurs. Ancienne porcelaine tendre de Bourg-la-Reine.

130 — Pot à crème avec couvercle : branches fleuries. Ancienne porcelaine tendre de Chantilly.

131 — Théière : haie fleurie. Ancienne porcelaine tendre de Chantilly.

132 — Moutardier avec couvercle : fleurs. Ancienne porcelaine tendre de Chantilly.

133 — Tasse : fleurs. Ancienne porcelaine tendre de Chantilly.

134 — Tasse aux armes des Bourbons en bleu. Ancienne porcelaine tendre de Chantilly.

135 à 140 — Onze pots de toilette variés, décor de fleurs en couleurs. Anciennes porcelaines tendres de Mennecy, Sceaux et Bourg-la-Reine. (Seront divisés.)

141 — Sucrier avec couvercle, décor de fleurs en ancienne porcelaine tendre française.

142 — Tasse et soucoupe : fleurs, avec bordures bleues. Ancienne porcelaine tendre française.

143 — Tasse à culot côtelé, décor de fleurs. Même porcelaine.

144 — Salière ronde : fleurs. Ancienne porcelaine tendre française.

145 — Écuelle avec présentoir, décor de style japonais. Ancienne porcelaine tendre française.

146 — Théière : fleurs. Ancienne porcelaine tendre française.

147 — Tasse et soucoupe : guirlandes et rubans. Anciennes porcelaines de Boissette et de Sèvres, pâte tendre.

148 — Sucrier avec couvercle et sur plateau fixe, décor de barbeaux. Ancienne porcelaine à la Reine.

149 — Sucrier avec couvercle et sur plateau fixe : fleurs. Même porcelaine.

150 — Petite cafetière et sucrier avec couvercles, deux tasses avec soucoupes, décor de roses. Ancienne porcelaine à la Reine.

151 — Pot à eau, décoré de bleuets, en ancienne porcelaine de Locré.

152 — Grande aiguière, décorée de fleurs, en ancienne porcelaine de Locré.

153 — Saucière avec plateau : fleurs. Ancienne porcelaine de Locré.

154 — Verseuse : paysage en camaïeu rose. Ancienne porcelaine de Clignancourt.

155 — Pot à lait avec couvercle, décor de barbeaux. Ancienne porcelaine de Paris.

156 — Chocolatière : fleurs. Ancienne porcelaine dure de Paris.

157 — Poêlon avec couvercle : fleurs. Ancienne porcelaine de Paris.

158 — Cache-pot en ancienne porcelaine de Paris, décoré de guirlandes avec rehauts de dorure.

159 — Rafraîchissoir ovale en ancienne porcelaine de Paris, décor de guirlandes avec rehauts de dorure.

160 — Trois pots à sorbets variés : fleurs. Ancienne porcelaine de Paris.

161 — Sucrier avec couvercle et sur plateau fixe : décor de guirlandes de fleurs. Ancienne porcelaine de Paris.

162 — Pot à lait : paysage animé. Ancienne porcelaine de Strasbourg.

163 — Pot à eau, décoré de barbeaux, en ancienne porcelaine de Niederwiller.

164 — Théière avec couvercle en ancienne porcelaine de Copenhague, décorée d'un paysage animé en camaïeu violet.

165 — Théière, décor de fleurs. Ancienne porcelaine de Zurich.

166 — Deux sucriers avec couvercles et plateaux : paysages en camaïeu rose. Ancienne porcelaine de Oude-Loosdrecht.

167 — Beurrier avec couvercle et présentoir : fleurs en bleu. Ancienne porcelaine tendre de Tournai.

168 — Sucrier ovale avec couvercle : fleurs en bleu. Ancienne porcelaine tendre de Tournai.

169 — Deux figurines en ancienne porcelaine tendre de Chelsea : Enfants tenant une corbeille de fleurs. Sur bases fleuries en ancienne porcelaine tendre de Mennecy.

170 — Sucrier ovale avec couvercle : fleurs en bleu. Porcelaine de Worcester.

171 — Petite cafetière : fleurs en bleu. Porcelaine de Worcester.

172 — Figurine de marchande debout en porcelaine anglaise.

173 — Sucrier ovale avec couvercle : fleurs. Porcelaine anglaise.

174 — Deux petits cornets, décor doré, en ancienne porcelaine de Capo di Monte.

175 — Figurine de fillette debout richement vêtue en ancienne porcelaine italienne.

176 — Petit groupe : Enlèvement. Ancienne porcelaine blanche italienne.

177 — Quatre figurines variées en ancienne porcelaine blanche italienne.

178 — Petit vase et deux socles quadrilatéraux, décor bleu et rose. Ancienne porcelaine italienne.

179 — Présentoir et tasse en ancienne porcelaine tendre blanche gaufrée.

180 — Pot à lait avec couvercle, décoré d'un monogramme. Ancienne porcelaine tendre.

181 — Groupe de quatre figures mythologiques en ancienne porcelaine tendre blanche.

182 — Deux petits groupes de trois figures d'enfants en ancienne porcelaine tendre blanche.

183 — Deux grosses potiches en ancienne porcelaine du Japon, décor polychrome. Montées en candélabres en bronze.

184 à 193 — Sous ces numéros : tasses, flacons à thé, cafetières, écuelles, statuettes, groupes, etc., en porcelaines variées. (Seront divisés.)

194 — Groupe de trois personnages en ancien grès allemand.

195 à 198 — Sous ces numéros : soupières, légumiers, écuelles, saucières en faïences de Lorraine, Moustiers, etc. (Seront divisés.)

OBJETS DE VITRINE

199 — Boîte rectangulaire en nacre sculptée et gravée à personnages et aux armes de France. Monture en or. XVIIIe siècle.

200 — Boîte ronde en écaille brune, ornée d'une plaque en ancienne porcelaine tendre de Chantilly.

201 — Boîte ovale en prime d'améthyste, ornée d'un couvercle en ancienne porcelaine tendre de Tournai.

202 — Drageoir émaillé sur cuivre, orné d'animaux. XVIIIe siècle.

203 — Etui cylindrique en or de couleur. Epoque Louis XVI.

204 — Étui cylindrique en or de couleur ciselé.

205 — Boîte ovale en or émaillé à personnages et fleurs. Travail européen pour l'Orient.

206 — Boîte rectangulaire en écaille brune ornée d'une mosaïque romaine à paysage.

207 à 212 — Sous ces numéros : boîtes et objets de vitrine. (Seront divisés.)

ARMES ORIENTALES

213 à 230 — Sous ces numéros : nombreuses armes orientales, sabres, poignards, kathar, kamas, couteaux, etc. (Seront divisés.)

MEUBLES, TENTURE

231 — Deux cabinets en bois noir guilloché, ouvrant à deux portes, contenant de nombreux tiroirs décorés de peintures. Flandres, XVIIe siècle.

232 — Commode à trois tiroirs en bois de placage. Dessus de marbre. Époque Régence. Garniture de bronzes.

233 — Commode à trois rangs de tiroirs en bois de placage à filets. Garniture de bronzes. Dessus de marbre. Fin de l'époque Louis XV.

234 — Commode à trois rangs de tiroirs, bois de placage à filets. Garniture de bronzes. Dessus de marbre. Fin de l'époque Louis XV.

235 — Secrétaire en bois de placage à filets, à abattant, portes et tiroir. Dessus de marbre. Époque Louis XVI.

236 — Secrétaire à abattant, portes et tiroir en bois de placage à filets. Dessus de marbre. Époque Louis XVI.

237 — Commode à trois rangs de tiroirs en bois de placage à filets. Dessus de marbre. Époque Louis XVI.

238 — Armoire en acajou à deux portes superposées, dont une avec glace. Époque Empire.

239 — Tenture en satin avec applications et broderies à grands personnages, fleurs et inscriptions. XVIIe siècle.

www.ingramcontent.com/pod-product-compliance
Ingram Content Group UK Ltd.
Pitfield, Milton Keynes, MK11 3LW, UK
UKHW021116290826
14628UKWH00014B/2593

9 782329 495323